T0145598

Frank Nagel
Im Fünfmass · Gedichte und Prosa

Frank Nagel
Im Fünfmass
Gedichte
und Prosa

Mit vier Zeichnungen
von Lucas Nagel

Für die Unterstützung des Buches danken wir

der **Gemeinde Riehen**
dem gemeinsamen **Fachausschuss Literatur Basel-Stadt**
und Basel-Landschaft
der **Musikakademie der Stadt Basel**
den **Lehrerinnen und Lehrern der Musikschule Riehen**

Umschlaggestaltung
g : a gataric : ackermann www.g-a.ch
Satz
Claudia Wild, Stuttgart
Druck
ROSCH BUCH GmbH Scheßlitz

Die Deutsche Bibliothek – Bibliographische Einheitsaufnahme
Die Deutsche Bibliothek verzeichnet diese Publikation in der Deutschen
Nationalbibliographie; detaillierte bibliographische Daten sind im In-
ternet über http://dnb.ddb.de abrufbar

ISBN 3-907576-70-5

© 2004 Pano Verlag/Theologischer Verlag Zürich
Alle Rechte, auch die des auszugsweisen Nachdrucks, der fotografi-
schen und audio-visuellen Wiedergabe, der elektronischen Erfassung
sowie der Übersetzung, bleiben vorbehalten.
www.pano.ch

Inhalt

Gedichte

Türkisch 9

Milane 10

Krähen 11

Tee-Zeit 12

Zeichnung 13

Akelei 15

An Aurèle 16

Zeichnung 17

Stillstand 19

Najade 20

Sarah 21

Nocturne 22

Zeichnung 23

Der Tanz des Lichtes 25

Morgens an Land geworfen 26

Der Wind streift 28

Die Nähe / die Unnahbarkeit der Bäume 30

April 31

Helleborus Niger 32

Blitzend in den Korridoren aus Licht 33

Zeichnung 35

Tagheft

Juli 1992	39
Januar 1995	40
Rügen 1997	41
Mai, Nov. 1999	42
Lörracher Markt	43
Januar 2003	45
Über den Autor und den Künstler	48

Gedichte

Türkisch

I

Ein sand-
farbener
Taubenruf
tagdurch
die feine
Bebung
unter
dem Hals-
band

II

Anmut
über
dem Abgrund
tauben-
kröpfig
im Fünfmass
ihr Seufzen
aus Kupfer
und Zinn

Milane

Sehnen
weit gespannt
und
siebenfach
das Aug

Finger-
schwingen
Luft und Licht

...ein Pfeilstoss
bricht
aus unendlichem Kreis

Aufklagt
der hohe Laut –
vom Wind zerstreut
in die Tiefe

Krähen

Schreie
mit der Spitzhacke
in den Wind
geworfen

Das Licht
gebrochen
am Flügel-
schlag

Im Ast-
gitter zwischen
Gleichnis
und Geheimnis

und die Saat
kaum schneegestillt
belagert
verdunkelt
umschwärmt

Tee-Zeit

Der alte Klang
von Zimbeln
beim Absetzen
der Teetassen
königlich
Copenhagen
1779
«Seine Majestät Christian VII.»

Gedanken-
sprung im Porzellan
die Lippen
am durchbrochenen Ornament
der blauen Chrysantheme

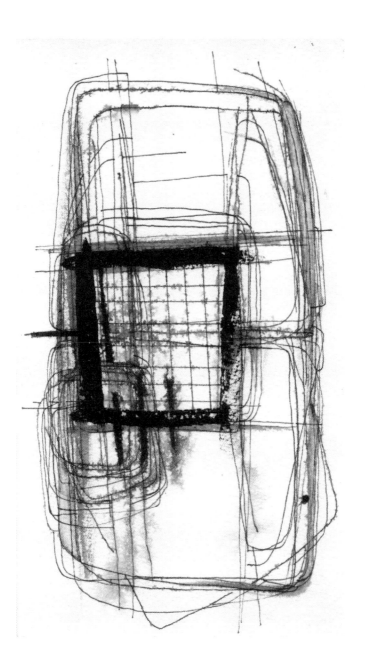

Akelei

I

In
Blüten-
blässe
entfaltert:
licht-
flüchtig
vor dem
verhinderten
Abflug

II

Schnörkel
meines Gartens
geflügelt
und gespornt
den Wind versucht

Zitternd
im Dämmer
das letzte Licht
versammelt

das letzte Wort

An Aurèle

»...so in die quere
vor den Mund gehalten...«

über die Finger hinweg
über die Beeren
am Rohre entlang

flieg
Herz-
gedanke
flieg

Goldstaub an den Lippen

der erlöste
der schöne Ton

Aurèle Nicolet zum 75. Geburtstag
Zitat aus Johann Joachim Quantz
(1697–1773) »Versuch einer Anweisung
die Flöte traversiere zu spielen« (1752)

Stillstand
der Sekunde –
übergross
aufblitzt Unendliches:

ich
ich war
ich war

Ich bin
Ich komme mir entgegen
Ich

Standhalten
Fortfinden. Selbst-
sein

Najade

Wasser rings
und aus dem Dunkel geschöpft
die Augen voll Licht
Anmut und Zagheit
die geschmückten Gelenke
die Schulter entschlüsselt und unbedeckt
leichtsinnig vor Unschuld
mit den Flügeln der Libelle
das Wasser gestreift
und Wind
der blühende Himmel im Spiegel
aquamarin
Lichtpfeile durchbrechen den Baum
Andrang von Grün
Schwertgras und Sternenkresse
und der Duft junger Schatten
flüchtig
dein ohne Lippen ausgesprochener Name

Sarah

Dein Auge weis-
sagt Schnee
schrittvergessen
verschenkt
im tiefsten
Gedicht
der Wortgabelung
über und über

Nocturne

In den Schlaf-Falten nachts
pulst das Glöckchen der Unke
zwischen dem Atemholen
tönerne Ringe
die einen Stern umkreisen

Montflanquin
noctu 14./15. Juli 1994

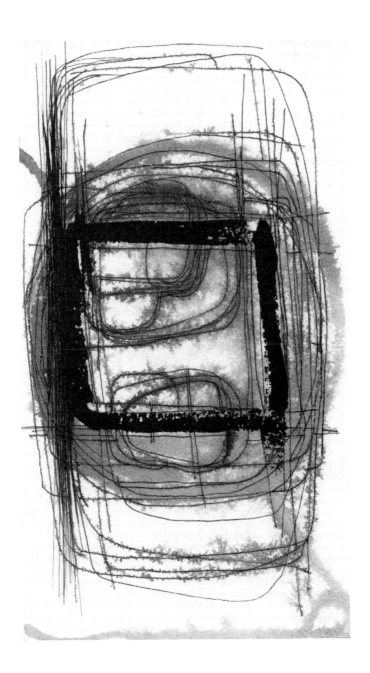

Der Tanz des Lichtes

.

Das Fadenspiel der Insekten

.

Netzhaut und Sonnengeflecht

.

Alle Farben dieser Welt
auf einem Libellenflügel

Morgens an Land geworfen
im Rückzug der Sterne

.

Deine von meinem Atem
beschlagenen Augen – ein Traum

.

Wärme erinnert in Strömen

.

Die Wiedererschaffung der Welt

.

Das allbelebende Licht

.

Die Geräusche der Stadt
steigen unaufhörlich
sie pressen das Herz

.

.

Das Dröhnen der Himmel

.

Ich umhülle mich hell
mit einem Mantel aus Tönen

.

Zwischen mir und mir selbst
das Rad des unendlichen Gesprächs

.

In eine Umarmung gelehnt:
an die Frische des jungen
noch unverletzten Tages

Der Wind streift
die Silberseite der Blätter

.

Ungemalt – die Pracht des Grüns
inmitten von Blau
Tiefe und Höhe zugleich

.

Die zärtliche Verbindung
zwischen Wiese und Tau
eine Lichtung gebrochener Klänge
erhöht und aufgelöst
durch die Sonne

.

Dein helles Lachen (Alto-
Cumulus, der geflockte Himmel)
es bedeckt mich vollständig

.

.

Von verströmendem Wohlgeruch
das blühende
das nach süssem Mehl duftende Gras

.

Nachhall und Stille

.

Der zugeschnürte Himmel
sein ermattetes Licht
genug für ein Gleichnis

Die Nähe / die Unnahbarkeit der Bäume
ihr Schweigen – vertikal

.

Der dahinschattende Vogel kreuzt den Baum

.

Unsere Augen berührten sich

.

Pandora – der grüne Silberstrich
öffnet die Flügel

.

Blütenstaub an den Händen

.

Die herabgestimmten Saiten des Nachmittags

.

Der Schatten holt die Farben ein

.

Nachts – die Helligkeit hinter den Augen

April

Die Schnäbel der jungen Wildtulpen

.

Ein Fuchs als Schmetterling

.

Blätter und Halme entfaltet / enthüllt
chorisch – im Kanon – spiral

.

Welch leichter Ansporn
Licht über Licht

.

Des Himmels rosa Blütenschleppe
Schnee über den Apfelbäumen

Helleborus Niger

Schwarz
benannt

von Schnee
überblüht

und Wind

unhörbar
im Geläut

die zarte Rötung

die Krönung
erdzu
gewandt

Schnee
und
Rose

Blitzend in den Korridoren aus Licht
Schwalben kreuzen die Klingen

.

Licht – die Handreichungen der Blätter
von unterschiedlicher Transparenz

.

Grün – Grund aller Farben
Fülle und Vielfalt
Grün im Überfluss

.

Der Wind verflüssigt die Schatten
in meiner Hand

.

Mohnblumen im Geröll
ein rot erschöpfter Wind
von Nesseln umsäumt

.

.

Die Schönheit in Ermattung

.

Das plötzliche Verstummen der Zikaden
überrascht die Sekunde

.

Eine durch nichts aufzuhaltende Stille

Tagheft

Tagheft / Juli 92

Im Kunstturnen siegte Tatjana Gutsu (GUS) zwölf
Tausendstelpunkte vor der Amerikanerin Shannon Miller.

Der Zürcher Kiesunternehmer F. M. hinterlässt einen
Schuldenbetrag von 197 Mio Fr.

21 bosnische Kriegsflüchtlinge weigerten sich,
die vom Kanton Aargau zur Verfügung gestellte Baracke
zu beziehen.

Der gestrige Tag war der bisher wärmste des Jahres.

Ich betrachte die Rose im Glas, deren Staubgefässe
einer Wildbiene ähneln.

Tagheft / Januar 95

Irritationen, die den Tag begleiten:
was ich zeige / was ich verberge
der ich scheine / der ich bin
der ich sein will / der ich sein muss
die Ahnung, der ich sein könnte / sein sollte.

Die Gestalt des 19. Januar 95
Der Entzug jeglicher Verbindlichkeit
ungesichert / verunsichert / allein
in einem Boot stehend auf offener See.

Die Gestalt eines anderen Tages:
mit ausgebreiteten Armen / in freiem Flug
die Erde stürzt mir entgegen.

Tagheft / Rügen 97

Die sommerlichen Spaliere / Alleen – Alleen
mit ihren Licht- und Schattenschwellen:

Eichen, Linden, Erlen, Eschen, Kastanien, Birken und Buchen
– Rundbögen und Spitzbögen.

Die Wölbung des Meeres über den sichtbaren Rand hinaus
Das hinzugedachte Morgenrot.

Abseits vom Verkehrslärm, östlich von Middelhagen –
eine halbvergessene, mit Moos und Gras überwachsene Strasse,
gesäumt von hohen, uralten Weiden – nur noch leise atmenden
Bäumen.

Die unerwartete Begegnung mit C.D. Friedrich:
«Ansicht von Perth längs der Küste von Mönchgut»
18. Juni 1801.

Am Nachmittag des 6. Juli 1997
Kuckucksrufe in kleinen und grossen Terzen.

Blumen: Strand- und Lichtnelke, Immortelle, Majoran und
Klee, Witwen- und Flockenblume, Rittersporn, Wilde Möhre,
Labkraut...

Licht trinkende Lerchen über den Zicker Höhen
Der an ihrem Flügelschlag sichtbare Gesang.

Das allabendliche Aufleuchten des Himmels.

Tagheft / Mai, Nov. 99

Ich notiere mir des Wohlklanges wegen ihren Namen:
Elisabeth Salina Armorini und den des 84-jährigen kuba-
nischen Musikers: Aristoteles Raimundo Limonta Alvarez.

... wie kleine Flammen in ihren Achselhöhlen/Büschel
brennenden Grases. Knabenhaft – Mondin/Kindfrau,
irritierend durch ihre Vertraulichkeit.

Heute weht der Nordost – Hölderlins liebster unter den Winden.

Sie sagte in einem Zeitungsinterview, dass sie ohne Mozart nicht
auf diesem Planeten leben möchte.

Die dreieckige Vase (von Martvan Schyndel) mit einem
Strauss gelber Schafgarbe, Staticen und unterschiedlich weit
aufgeblühten Dilldolden.

Tagheft / Lörracher Markt 2002

Die Bauersfrau aus Fischingen mit den hell-olivgrünen
Augen. – Ihre Kisten voll alter Apfelsorten: Goldrenette,
Cox'Orange, Ontario und der feinsäuerliche Freiherr von
Berlepsch.

Eine Taubenstaffel über dem Lörracher Markt.

Der Jüngere der zwei alten Gemüsehändler schilt den
Älteren, er solle, solange er die Kundschaft bediene,
nicht vor sich hinsummen. Der Ältere gehorcht sofort.

Aus dem Gemüseangebot: grossblättrige Petersilie, Spinat,
Feldsalat / Nüsslisalat / Rapunzel, Pastinaken, gelbe Rüben,
Rote Bete, Broccoli, Wirsing, Rot- und Weisskohl, Teltower
Rübchen, Sauerkraut...

Ich weiss nicht, warum er mich immer an Pavarotti erinnert.
Ist's seine sonore Stimme oder seine stolze Haltung beim
Verabreichen der Käseproben: Maître Fromager Affineur aus
Brünlisbach bei Grafenhausen bei Bonndorf im südlichen
Schwarzwald. Eine seiner Spezialitäten: «Petit Bleu», der
sahnig-milde Blauschimmelkäse mit Schabziegerklee, empfohlen
zu Roggenbrot und Weisswein. (Schabziegerklee – auch blauer
Bockshornklee, Trigonella coerulea, genannt – eine
Kleeart, die getrocknet als Gewürz dem Käse einen herb-
nussigen Geschmack verleiht).

Die Blumenpracht in den Eimern: Astern und Chrysanthemen –
altrosa, schmutzigviolett, rostrot verwaschen, von herbem
Blattgeruch, grossäugig. Die letzten Sonnenblumen.

Tagheft / Januar 2003

«Geh unter, schöne Sonne,
sie achteten nur wenig dein...»
Hölderlin (1798)

Die Neujahrskarte mit einem Aquarell von
Antoni Tàpies.
Ein dotterartig gespannter Halbkreis im Vordergrund,
der aus dem Bild zu rutschen scheint: die rote, untergehende
Sonne.
Leuchtend im Zenit; in der Bildmitte / der Bildtiefe ein zweiter
Sonnenkreis aus weissem Licht, der sich bei längerem Betrachten
als Ring oder gar als Hohlraum deuten lässt und auf die vordere
Sonne einen glühenden Farbschatten wirft.
Dazu schemenhaft erkennbar, kindlich hingetupft, eine Leiter,
die in den Himmelskörper führt.
Und über dem Bild, mit dem Strahlenkranz verwoben,
stehen die Worte: «Seht die Sonne».

Frank Nagel, 1941 in Dresden geboren. Musikstudium in Berlin. Soloflötist am Theater in Trier. Konzerte, Radio- und Schallplatten- aufnahmen. Seit 1971 an der Musik-Akademie Basel tätig. 1980 Leitung der Musikschule Riehen. Schreibt Gedichte seit 1992.

Lucas Nagel, 1974 in Basel geboren. Lebt und arbeitet als freischaffender Künstler, Kunsterzieher und Sozialpädagoge in Schweden/Gotland.